Heinrich Preschers

Ausführliche Erzählung, nebst Grundrissen, der Belagerung der Festung Schweidnitz

Heinrich Preschers

Ausführliche Erzählung, nebst Grundrissen, der Belagerung der Festung Schweidnitz

ISBN/EAN: 9783743437715

Hergestellt in Europa, USA, Kanada, Australien, Japan

Cover: Foto ©ninafisch / pixelio.de

Weitere Bücher finden Sie auf **www.hansebooks.com**

Ausführliche Erzählung,
nebst Grundrissen
der
Belagerung
der
Festung Schweidnitz,
durch die königl. preußis. Truppen,
vom
7ten August bis den 9ten October 1762.

zum Druck befördert
von H * *

Hannover,
bey Johann Wilhelm Schmidt,
1774.

Vorbericht.

Da mir seit einigen Jahren, eine ausführliche Erzählung der letztern Belagerung von Schweidnitz in einer Handschrift zu Händen gekommen, welche sehr viel Lehrreiches enthält; so habe ich denen Kennern und Liebhabern der Kriegskunst, einen Dienst zu erzeigen geglaubet, wenn ich solche durch den Druck bekannt und gemeinnützig mache.

Diese Belagerung zeichnet sich besonders für vielen andern dadurch aus, daß so wohl der Angriff als die Vertheidigung nach allen Regeln der Kunst

Kunst und mit der größten Herzhaftigkeit geführet, und vorzüglich die Minen und Gegenminen, von beyden Theilen zu Beförderung eines jeden Absicht sehr schön angewendet worden. Auch ist dieses die erste Belagerung, bey welcher der von dem berühmten Herrn Bellidor erfundenen Globe de Compreßion oder Druckkugel, im Ernste und mit sehr gutem Erfolg in Ausübung gebracht worden.

Aus dieser Erzählung wird man abnehmen können, wie wichtig die Gegenminen sind, wenn solche zur Vertheidigung einer Festung gut gebrauchet werden, und wie sehr die Einnahme derselben dadurch verzögert wird. Und stehet sehr zu vermuthen, daß sich die Besatzung noch einige Zeit würde vertheidiget haben; wenn sie nicht das Unglück gehabt, daß ihr vornehmstes Pulvermagazin aufgeflogen und dadurch das angegriffene Fort No. 2. in der Kehle geöffnet worden.

Unter den vielen Büchern, welche den Angriff und die Vertheidigung der Festungen abhandeln, kann das, so dem Ingenier-Major le Fevre, der diese Belagerung angeordnet, zu seinem Verfasser hat, mit Recht unter die besten gezählet werden. Und obwohl diese Bücher sehr gut und deutlich alles lehren, was bey einer Belagerung und Vertheidigung einer Festung geschehen soll; so sind doch darum die ausführlichen Erzählungen geschehener Belagerungen nicht minder lehrreich,
wenn

wenn solche mit der gehörigen Aufmerksamkeit und Anwendung gelesen werden.

Damit diejenigen, welche diesen Theil der Kriegswissenschafft, nicht zu ihrem vornehmsten Gegenstande gewählet, diese Erzählung mit mehrern Nutzen und Vergnügen lesen mögen; so habe ich hin und wieder einige kurze Erklärungen der vornehmsten Werke einer Belagerung beygefüget.

Um aber den Leser in dem Faden der Erzählung, durch lange Anmerkungen nicht zu sehr zu unterbrechen; so werde ich die kurze historische Nachricht von Schweidnitz und die Erklärung des Globe de Compreßion oder der Druckkugel, diesem Vorbericht beyfügen, wie folget.

Schweidnitz, Suidnicium, ist die Kreis- und Hauptstadt des Fürstenthums Schweidnitz und anjetzt eine starke Festung. Sie liegt an der Weistritz in einer sehr reizenden Gegend, die unter die schönsten in Schlesien gerechnet wird.

Ihr Schicksal, war immer mit dem von Schlesien verbunden, und kam nach Absterben Kayser Karls des VI. durch den Berliner Hauptfriedensvertrag im Jahre 1742. an den König von Preußen.

Ihre Befestigung, bestand ehedessen aus einer dreyfachen Mauer. König Friedrich der II. ließ sie von 1748 an, mit denen im Plan I. zu sehenden abgesonderten Forts befestigen. Weil aber solche im Jahre 1757, als die Oesterreicher unter dem Grafen Nadasti solche belagerten, noch durch keine Curtinen zusammen verbunden waren, so wurde das Bägendörfer Fort umgangen, in der Kehle erstiegen, die Festung dadurch erobert und die Besatzung zu Kriegsgefangenen gemacht.

Die Kayserlichen fingen zwar gleich nach geschehener Eroberung an, Gemeinschaffrslinien oder Curtinen zu erbauen. Da solche aber wegen Kürze der Zeit nicht vollkommen fertig wurden; so erstiegen die Preußen im Jahre 1758, den Galgenfort ebenfals in der Kehle, und bemächtigten sich der Festung nach einer 13 tägigen Belagerung. Die Besatzung wurde gleichfals zu Kriegsgefangenen gemacht.

Man lernte hieraus die Nothwendigkeit der Gemeinschaftslinien erkennen und suchten die Preußen solche in vollkommenen Stand zu setzen; konnten aber demohnerachtet nicht verhindern, daß der österreichische General Laudohn, im Jahre 1761 ohne eine vorher gegangene Belagerung die Festung mit Sturm eroberte und den Generallieutenant von Zastrov nebst 3000 Mann zu Kriegsgefangenen machte. Diese Linien wurden durch

durch die Oesterreicher noch zu mehrerer Vollkommenheit gebracht, und mit Gegenminen und einer starken Besatzung versehen; wodurch dem die Preußen im Jahre 1762, zu der hier folgenden langwierigen Belagerung genöthiget wurden.

Die Erfindung des Globe de Compreßion oder der Druckkugel, ist dem berühmten Herrn von Bellidor eigen; und hat derselbe solche in seiner Nouvelle Theorie sur la science des Mines, propres a la guerre, fondée sur un grande nombre d'Experiences, welche unter seinen im Jahre 1764. zu Amsterdam und Leipzig heraus gekommenen Oeuvres diverses befindlich, sehr vollständig beschrieben.

Der Herr Bellidor, zeiget sowohl nach einer ganz gegründeten Theorie, als auch durch viele darüber angestellete Versuche, daß das in einer Mine entzündete Pulver, rund um sich her nach allen Seiten mit gleicher Stärke würke; und daß die Ladung und Würkung der Mine, eben in keinem Verhältniß mit der geringsten Widerstandeslinie: das ist, der kürzesten Linie, die vom Mittelpunkt des Pulvers bis an die Fläche des Erdbodens herausgezogen werden kann, stehn; sondern vielmehr die Ladung der Minen sich wie die Cubi der Halbmesser des Entonnoirs oder der ausgeworfenen Kessel, verhalte. Und daß der Druck des Dunstkreises oder der Atmosphäre die auszuwerwerfende Last der Erde um ein großes vermehre; indem solche auf jeden Quadratfuß 2232 Pf. und bey einer Mine deren Kessel 40 Fuß im Durchmesser hat, 2.266.368 Pf. beträgt, welche Schwere außer der Last der Erde von der Mine überwältiget werden muß.

Ferner wird auf eine überzeugende und durch Proben bestätigte Art gezeiget, wie unrichtig die bisher für wahr angenommene Sätze sind; daß erstlich der obere Durchmesser des ausgeworfenen Kessels, jederzeit doppelt so groß als die geringste Widerstandslinie sey. Indem man durch die Ladung ohne Rücksicht auf die geringste Widerstandslinie, sich einen beliebig großen Kessel, dessen Durchmesser nicht doppelt, sondern 3, 4, 5 bis 6 mal so groß als die geringste Widerstandslinie ist, verschaffen kann.

Und daß 2tens, der Satz, daß wenn eine Mine zu stark geladen sey, solche keinen weiten Kessel; sondern wegen der übermäßigen Gewalt des Pulvers nur ein Loch in die Erde mache, mit aller Erfahrung und denen darüber angestellten Versuchen gänzlich streite. Hingegen die Größe des Kessels lediglich mit der Stärke der Ladung der Mine in einem gewissen Verhältniß stehe.

Diese Art von starkgeladener Mine, verdienet um so mehr den Namen des Globe de Compreßion

preßion oder der Druckkugel, weil solche alle feindliche Gallerien und Gegenminen, die sich in einer Weite von 30 bis 50 Fuß von dem Mittelpunkt des Pulvers, es sey zur Seite unter oder oberhalb denselben befinden, eindrückt und unbrauchbar machet.

Der Nutzen der Druckkugel erstrecket sich noch viel weiter, weil, wenn der ausgeworfene Keßel, an seinem Rande gegen den Feind zu, mit Schantzkörben besetzet oder couronniret wird, man dadurch ein gutes Logement ohne viele Arbeit erhält. Der bedeckte Weg kann dadurch geöfnet, und die sonst so viele Menschen kostende Eroberung desselben ohne großes Blutvergießen zustande gebracht, kleine Werke mit einmal über den Haufen geworfen und in große sehr beträchtliche und gut zu ersteigende Lücken geleget werden.

Die ersten Proben der Druckkugel sind 1752 und 53 zu la Ferre und Bisy auf Befehl des Königs von Frankreich in Gegenwart des Grafen von Argenson, vieler Generals, der Officiers von der Artillerie, und anderer angesehenen Personen angestellet worden, und ist die jedesmalige Würkung mit der vorausgeschehenen Angabe des Herrn von Bellidor, vollkommen einstimmig befunden worden.

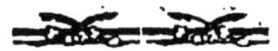

Im Jahre 1754, wurde von dem Herrn Major le Fevre zu Potsdamm eine Druckkugel angeleget und in Gegenwart Sr. Königl. Majestät von Preußen gesprenget, und von der besten und in allem Betracht sich davon versprochenen Würkung befunden.

Schweidnitz war es vorbehalten, zuerst die Würkung der Druckkugel im Ernste zu erfahren. Und wird man aus der folgenden Erzählung dieser Belagerung abnehmen können, wie viel solche zu dem guten Fortgang derselben beygetragen.

Ausführliche Erzählung
der
Belagerung von Schweidnitz,
im Jahre 1762.

Nachdem Sr. königliche Majestät in Preußen die kayserliche Armee, von den verschanzten Höhen bey Burkersdorf, Ludwigsdorf und Leutmansdorf vertrieben; wurde die Festung Schweidnitz durch die Cavallerie eingeschlossen und alle Anstalten zu Belagerung derselben vorgekehret.

Dem Herrn Generallieutenant von Tauenzien, ward das Commando, über das zur Belagerung bestimmte Corps von 22 Bataillons und 22 Escadrons, und die Führung des Angriffs dem Ingenieurmajor le Fevre aufgetragen.

Der Herr Generallieutenant von Guasco, war Befehlshaber in Schweidnitz, und unter ihm standen
die

die Generalmajors von Gianiny und von Griboval. Die Besatzung bestand aus 10 bis 11000 Mann, Commandirte von allen Regimentern der Daunischen Armee.

Den 4ten August, bezog das Corps das Lager um die Festung, und wurde das Hauptquartier nach Teichenau geleget.

Den 7ten August, wurden die Laufgräben eröfnet. Die Arbeiter bestanden aus 4100 Mann, und die Bedeckung aus 8 Bataillons, welche Abends um 8 Uhr von Tunendorf und Schönbrunn in drey Colonnen abmarschirten.

Der Angriff ging auf das Fort No. 2. Die erste Parallele A13, Plan 1. war *) 3000 Schritt lang und 800 Schritt von bedeckten Wege entfernet. Der rechte Flügel stützte sich an die Ziegelscheune vor dem Strigauer Thor.

Zwey Bataillons stellten sich mit auseinander gezogenen Pelotons 150 Schritt vor die Arbeiter; Die übrigen 6 Bataillons mit großen Zwischenräumen aber hinter dieselben.

So wohl der rechte als linke Flügel, wurden jeder durch 2 Escadrons Cavallerie gedeckt.

Zu gleicher Zeit wurden die drey Communicationslinien **) CA, DE, und FB, nach der Mitte und denen Flügeln verfertiget.

Der

---

*) Parallelen sind Linien, mit welchen die angegriffene Seite einer Festung dergestalt umgeben wird, daß solche von ihren äußern Seiten ohngefähr aller Orten in gleicher Weite abstehet.

**) Communications oder Gemeinschaftslinien, dienen um bedeckt, so wohl die Mannschafften als Canonen,

Der Feind, erhielt erst gegen 11 Uhr durch einen Ueberläufer, Nachricht von unserer Arbeit. Und ließ deswegen vor den Forts Nr. 1 und 4, verschiedene Holzhaufen anstecken, und warf nach diesen Seiten seine mehresten Leuchtkugeln; bis er endlich durch eine ausgeschickte Patrouille von etwa 30 Croaten, den rechten Ort unserer Arbeit entdeckte, und hierauf ein starkes Artilleriefeuer aus der Festung machte; welchem ohnerachtet die Arbeit von mehr als 6000 Schritt ununterbrochen fortgesetzet und größtentheils zu stande gebracht wurde. Die Bataillons zogen sich mit Anbruch des Tages in die Parallele.

Den 8ten August, wurde das feindliche Feuer während des ganzen Tages mit vieler Heftigkeit fortgesetzet. Gegen ein Uhr des Mittags, that der Oberste Caldwel von alt Laudon mit 4000 Mann einen Ausfall auf unsere Laufgräben, mit dem Vorsatz solche, nachdem er die Bedeckung daraus vertrieben, wieder zuzuwerfen.

50 Husaren und Dragoner nebst 500 Mann Infanterie, marchirten aus dem Petersthor und machten gegen den linken Flügel der Parallele einen falschen Angriff. 1500 Mann zogen aus dem Striegauer Thor und Koppenerbarriere, und formirten sich, um die Mitte der Parallele anzugreifen.

Die übrigen feindlichen Truppen gingen aus dem Bögenthore und stelleten sich am Rande des Glacis vom Fort No. 3. bis zur Redoute No. 2. und waren bestimmet

in die Parallele und nach den Batterien zu bringen. Sie fangen sich gemeiniglich hinter einer Höhe oder an einem bedeckten Orte an.

met den rechten Flügel der Paralle in der Seite anzugreifen.

Sie detachirten deshalb 150 Husaren und Dragoner, 300 Croaten und etliche Grenadiercompagnien, die sich durch die Leimgruben und Ziegelscheune verdeckt herumzogen, um die 2 Batallions vom Flügel, die den ihnen gerade gegen überstehenden Feind beobachteten, im Rücken anzugreifen.

Da die Parallele an diesem Flügel, wegen des felsichten Bodens noch sehr unvollkommen war; so gelung es dem Feind, anfänglich einige Unordnungen anzurichten, und den Obersten von Falkenhayn nebst etliche Mann zu Gefangenen zu machen. So bald aber der Oberstlieutenant von Reizenstein, der mit 2 Escadrons Dragoner von Finkenstein die Wache bey Schönbrunn hatte, herbey eilete, wurde der Feind so gleich und in eben der Zeit zum Weichen gebracht, als er im Begriff stand den Angriff der Croaten und Husaren zu unterstützen.

Die feindlichen Truppen, blieben hierauf so lange am Glacis stehen, bis der Generallieutenant von Tauenzien einige Bataillons aus dem Lager vorrücken ließ, sich in eigener Person mit 2 Bataillons auf die Höhe bey der Ziegelscheune setzte und den Feind canonirte.

Diese Bewegung brachte den Feind dergestalt aus seiner Fassung, daß er sich eilfertig und mit Verlust von 300 theils Todten, Verwundeten und Gefangenen in die Stadt zurück zog.

Hinter dem Butterberge ohnweit Säbischdorf wurde am Ende der mittelsten Communication die große
Nieder-

Niederlage aller Materialien und am Ende der Communication bey Schönbrunn eine kleine Niederlage angeordnet.

Die Bedeckung der Laufgräben bestand täglich aus 9 Bataillons, unter dem Befehl eines Generalmajors. Abends um 5 Uhr wurde selbige abgelöset und eine Stunde vorher löseten die Arbeiter ab. 4 Bataillons marchirten durch die Communication zur rechten bey Schönbrunn, und 5 Bataillons durch die mittelste so von Butterberge abgehet. Hinter jedem Flügel der Parallele waren 150 Mann Cavallerie postiret.

In der folgendem Nacht, wurde durch 800 Arbeiter die erste Parallele mit Bänken versehen und die rechte und mittelste Communicationslinie erweitert. Die Artillerie machte fünf Wurfbatterien No. 2, 3, 6 und 8. und wurden diese Nacht 18 Mörser und 12 Haubitzen auf selbige gebracht.

So bald es finster war, machte die Besatzung des bedeckten Weges ein beständiges Kleingewehrfeuer, welches auch alle folgende Nächte bis zu Ende der Belagerung fortgesetzet wurde.

Den 9ten August, des Morgens um 6 Uhr, wurden die Forts No. 1, 2 und 3, von den fünf Wurfbatterien beschossen; wodurch denn in der Petergasse ein Heu- und Strohmagzin nebst einigen dabey stehenden Häusern in Brand gerithen.

Eine alte Redoute, welche vor dem 2ten Bataillon von Gablenz lag, wurde ausgebessert und mit 1 Officier 40 Mann und 6, zwölfpfündigen Canonen besetzt, um die Ausfälle aus dem Bögenthor zu verhinhindern: zu welchem Ende denn noch in den Grund von polnisch Weistritz 100 Husaren postiret wurden, die des Nachts beständig nach dem Bögenthor patruillirten.

In der Nacht vom 9ten bis den 10ten August, wurde durch 250 Arbeiter die Communicationslinie hinter den Haubitzbatterien, und ein Hacken auf den linken Flügel der 1sten Parallele gemacht; auch vor die Mitte der Parallele zwey Demontirbatterien No. 4 und 5. eine von 6 und die andere von 10, zwölfpfündigen Canonen, nebst ihren Communicationen angeleget.

Den 10ten August, wurde in der folgenden Nacht das Geschütz auf diese beyden Batterien aufgefahren.

Am linken Flügel der 1sten Parallele, machte man 2 Batterien No. 9. 10. als eine von 6, zwölfpfündigen und eine von 10 vier und zwanzigpfündigen Canonen.

Außerhalb der Communication zur rechten wurde auf die Höhe Schönbrunn eine gesenkte Flankenbatterie No. 1 von 8, vier und zwanzigpfündigen Canonen geleget.

Den 11ten August, bestanden die Batterien so diesen Tag spieleten aus, der Flankenbatterie
No. 1, von 8, 24 pfündigen Canonen.
— 2 — 6. Haubitzen.
— 3 — 6. Mörser.
— 4 — 6. 12 pfündige Canonen.
— 5 — 10, 12. —
— 6 — 6. Mörser.
— 7 — 6.
— 8 — 6. Haubitzen.
— 9 — 10. 24 pfündige Canonen.
— 10 — 6, 12 —

In allem 70 Stück, als 18, 24 pfündige und 22, 12 pfündige Canonen, 12 Haubitzen und 18 Mörser: welche das feindliche Feuer sehr stille machten.

In der folgenden Nacht, wurde aus der Spitze zwischen den Batterien No. 4 und 5, mit 6 Sicsacs, *) nach der 2ten Parallele gegangen, wohin auch an der linken Seite ein Boyau von 350 Schritt lang gezogen wurde.

Die Artillerie legt, am Ende der linken Communication auf einem Berge, eine Flankenbatterie G, von 6, 24 pfündigen Canonen an, wodurch das Fort No. 1 und das Wasserfort beschossen wurde.

Die Besatzung, welche bisher am Niederthor und zwischen den Werken campiret, mußte sich in die Stadt und die Casernen begeben.

Den 12ten August. In der Nacht von 12ten auf den 13ten, wurde in den Sicsacs rechter Hand und in den Boyau zur linken zwey halbe Parallelen **) angefertiget.

Den 13ten August. Fing man mit Einbruch der Nacht an, die Sicsacs aus den halben Parallelen auf beiden Seiten weiter vorwärts bis an den Ort zu führen, wo die 2te Parallele sollte angefangen werden.

Um

---

*) Sicsacs, sind kurze Wendungen der Laufgräben, mittelst welchen man sich dem belagerten Orte, ohne von der Festung in der Länge bestrichen zu werden, nähert.

**) Halbe Parallelen, sind Enden von Laufgräben, welche mit den Seiten der Festung parallel gehen, und in welche Truppen zur Vertheidigung der Arbeiter gestellet werden.

Um 11 Uhr des Abends, that der Oberste Caldwell mit 1000 Mann, einen abermaligen Ausfall auf die vordere Spitze unserer Arbeit. Die Arbeiter nebst einer Division von Gablenz so solche deckte, zogen sich nach der 1sten Parallele zurück. Der Feind lies durch 200 Arbeiter, die erst angefangne Arbeit und die vorderste Linie des gestrigen Sicsacs rechter Hand, zuwerfen, und drang bis an die Batterien No. 4 und 5. wurde aber durch das Cartetschen- und Kleinegewehrfeuer so übel empfangen, daß er sich in der größten Geschwindigkeit und mit Verlust von mehr als 200 Todten und Verwundeten zurückzog. Der Oberste Caldwell, wurde hiebey tödtlich verwundet, und starb einige Tage nachher.

Der Generallieutnannt von Tauenzien verstärkte bey dem ersten Lärm die Laufgräten durch das Bataillon von Bülow, begaben sich selbst dahin und ließen die Arbeiter wieder ansetzen; welche denn auch die forderste Linie und die Sicsacs bald wieder in vollkommenen Stand setzten, daß also nichts als die Arbeit einer halben Nacht verlohren ging und daß der Capitain von Neßelroth von Gablenz von der vorwärts gestandenen Division nebst 72 Mann gefangen wurden. Wogegen wir 16 Ueberläufer und drey Gefangene vom Feinde bekamen.

Den 14ten, in der folgenden Nacht, brächte man die Sicsacs bis an die 2te Parallele zu stande. Der Feind that um 10 Uhr einen Ausfall, wurde aber gleich wieder zurückgetrieben.

Von

Vom 15ten zum 16ten, wurde in der Nacht die 2 Parallele K. L. verfertiget; die 500 Schritt lang und 250 vom bedeckten Wege entfernet war.

Den 16ten, wurde die Festung von 10 Batterien beschoffen; davon das Geschütz bestand in 24, 24pfündigen und 22, 12pfündigen, Canonen, 20 Mörser und 12 Haubitzen, in allem 78 Stück.

In der folgenden Nacht, ging man mit zwey fliegenden Sappen,*) auf der Capitale des Forts No. 2, und gegen die Flesche vor der Striegauer Barriere vorwärts. Der Feind that zwar mit 30 Mann einen kleinen Ausfall, wurde aber bald wieder zurück gewiesen.

Aus der 2ten Parallele, muste die Bedeckung von heute an, alle Nächte ein fortdaurendes Transcheenfeuer nach dem bedeckten Wege machen.

Den 17ten, wurde vom Belagerunscorps, wegen der glücklichen Schlacht bey Peyle ein dreymaliges Lauffeuer gemacht. Die beyden Sappen wurden auf 120 Schritt verlängert, und in die 2te Parallele eine Batterie, H von zwey Steinmörsern angeleget.

Den 18ten, des Morgens um 3 Uhr, unternahm der Feind mit 800 Mann einen Ausfall auf unsere Laufgräben; der ihm aber so übel bekam, daß er sich mit Verlust von 4 Officiers und etliche 100 Todte und Verwundete, wieder in den bedeckten Weg zurückziehen muste. Wir bekamen dabey 7 Gefangene und

*) Die fliegende Sappe, wird wenn man noch in einiger Entfernung von der Festung oder in der Zeit, daß der Feind nicht stark feuret, gemacht, indem man auf einmal eine ganze Reihe Schanzkörbe setzet, sich hinter solche eingräbt, damit die Erde füllet.

17 Ueberläufer, da unser Verlust nur in drey Todten und 7 Verwundeten bestand. Gegen Mittag schickte der Commendant den Major von Bertold von Andlauischen Regiment aus der Stadt und verlangte eine Stunde Stillestand, um die Todten zu begraben. Es wurde ihm solches bewilliget, und während dieser Zeit 104 Todte begraben.

Da man durch die Ueberläufer in Erfahrung gebracht, daß die Flesche I, vor der Strigauer Barriere nur schwach besetzet sey: so fand der Major le Fevre vor rathsam solche anzugreifen, und fals sie erobert würde, sich darinn festzusetzen. Es wurden zu dem Ende aus der ganzen Laufgrabenwache 200 Freywillige gezogen, und die Einrichtung gemacht, daß der Capitain Owerbeck von Dyburg mit 50 Mann auf der linken Seite der Flesche einen falschen Angriff machen sollte, während daß der Capitain von Pirchs von Ferdinand mit 150 Mann den wirklichen Angriff auf die rechte Seite der Flesche vornehmen würde. Dieser Angriff sollte um 12 Uhr des Nachts vor sich gehen, welches aber durch die verschiedenen vom Feinde durch Patrouillen gemachte Ausfälle eine Verzögerung litte. Und da man über dem fand, daß die Flesche stärker als man geglaubet, besetzet und von einigen Bataillons der Besatzung unterstützet sey, auch solche noch zu weit von unserer Sappe entfernet, so wurde dieser Angriff ausgesetzt und alles zog sich in die 2te Parallele zurück.

Den 19ten und 20sten, kam man mit beyden fliegenden Sappen so weit vorwärts, daß der Fuß des Glacis erreichet wurde.

Den 21sten, entschloß sich der Major le Fevre einen nochmaligen Versuch zu machen, um sich der Flésche I, wenn es möglich, zu bemeistern. Es wurden hiezu der Oberste Britocke von Knoblauch mit 300 Freywilligen befehliget. Der Angriff geschahe des Abends um 9. Uhr, da die Flesche und die dabey liegende Traverse von vorne und von beyden Seiten angegriffen wurden. Denen Freywilligen folgten 300 Arbeiter die das neue Logement verfertigen sollten. Da aber die Flesche mit 80 Mann besetzet, hinter welcher eine Reserve von etliche 100 Mann, so von Zeit zu Zeit durch frische Bataillons aus der Stadt unterstützet wurde, und die Flesche über dem unter einem dreyfachen feindlichen Gewehr- und Cartetschenfeuer lag, so war es nicht möglich solche zu erobern. Indessen wurde doch ein Logement rechter Hand vor der Traverse und dem bedeckten Wege zu Stande gebracht, und mit Tagesanbruch von Freywilligen besetzet.

Den 22 August, schickte der Generallieutenant von Guasco den Obersten von Rasp von Collowrath, mit Capitulationsvorschlägen an den Generallieutenannt von Tauenzien; worinn er sich zur Uebergabe der Festung erboth, wenn man der Besatzung den freyen Abzug mit allen Cassen, österreichischen Geschütz und Effecten bewilligen und ihr keine Abrechnung absodebern wollte. Es wurden aber diese Vorschläge nicht genehmiget und der Oberste mit dem Bescheid wieder zurückgeschickt, daß der Besatzung niemals würde eine andere Capitulation zugestanden werden, als sich zu Kriegesgefangenen zu ergeben.

In der Nacht von 22ten zum 23ten, wurde die 3te Parallele M N. gemacht, welche 200 Schritt lang und 150 Schritt vom bedeckten Wege entfernet war. In der letztgedachten Linie linker Hand der Sappe, machten die Mineurs einen Eingang K, Plan II, Fig. 1 und 2 zu einen Minengange nach der Capitale des Forts No. 2, um durch einen Globe de Compreßion oder Druckkugel die feindlichen Minen unter dem Glacis unbrauchbar zu machen. Die Artillerie legte in dem linken Haacken der 2ten Parallele eine Batterie von 3 Mörsers a und in dem Boyau zur linken von der 1sten nach der 2ten Parallele eine andere b, von 4, 24 pfündigen und 3, 12 pfündigen Canonen an.

Den 23ten, kam der Generalmajor Graf von Lottum von der königl. Armee mit 3 Battaillons, und bezog das Lager zwischen Pülzen und Niedergiersdorf, um die Besatzung auf jener Seite des Schweidnitzischen Wassers aufs genaueste einzuschließen.

In der folgenden Nacht, ward das Logement vor der Flesche verstärkt und mit doppelten Bänken versehen.

Die Steinbatterie H, wurde aus der 2ten in die 3te Parallele nach c verlegt; aus welcher auch nunmehro alle Nacht das Trancheefeuer gemacht wurde.

Die Mineurs kamen mit ihrem Minengange auf 24 Fuß vorwärts.

Den 24ten und 25sten, ward das Logement vor der Flesche zur linken durch Sappiren *) verlängert.

Der

*) Sappiret wird, wenn einige Arbeiter so Sappeurs genannt werden, unter Bedeckung eines großen ausgefülleten Schanzkörbe, so sie vor sich her wälzen, andere Schanzkörbe einen nach dem andern setzen, sich darhinter eingraben und solche mit Erde füllen.

Der Major le Fevre wollte das Logement, an die linke Seite der Flesche anhängen; weil aber diese Arbeit unter einem starken Cartetschen- Granaten- und kleinen Gewehrfeuer geschahe, so war man genöthiget davon abzustehen.

Den 26ten, that die Besatzung des Mittags um 12 Uhr einen kleinen Ausfall auf unser Logement zur rechten; der aber sogleich zurück gewiesen wurde. Des Abends um 6 Uhr, that der Feind mit einer Grenadier Compagnie einen 2ten Versuch auf unser Logement, wurde aber mit Verlust von 2 Officiers und 80 Todten und Verwundeten zurückgeschlagen.

Den 27ten, war das Logement zur rechten noch mehr verlängert und erhöhet, auch die ganze 3te Parallele sachiniret. Die Mineurs waren mit dem Minengange bis auf 84 Fuß gekommen.

Den 28sten schickte der Commendant, abermals den Obersten Rasp, an den Generallieutenant von Tauenzien, mit dem Erbiethen, die Festung mit allem Geschütz und Magazins zu übergeben, auch in Jahr und Tag nicht wider uns zu dienen, wenn man der Besatzung den freyen Abzug zugestehen wollte. Der Generallieutenannt von Tauenzien ertheilten die vorige Antwort, nämlich: daß sie die Besatzung nicht anders als zu Kriegesgefangenen annehmen könnten.

Den 29sten hatte die Besatzung durch einen Ueberläufer von unsern Minen Nachricht erhalten; weshalb sie denn in der folgenden Nacht einen Ausfall thaten um solche zu verderben. Und da wegen des engen Raums die Bedeckung der Mineurs nur aus 2 Unterofficiers und 18 Mann bestand, so musten sich solche

nach

nach der 3ten Parallele zurückziehen. Hierdurch gewann den Feind nur so viel Zeit um einige Stankkugeln in den Gang zu werfen; konnte aber doch weiter nichts verderben, weil aus der 3ten Parallele einige Plotons geschwind anrückten und den Feind wiederum in den bedeckten Weg jagten.

Den 30ten, waren die Mineurs mit dem Minengange in allen 8 Ruthen vorwärts gerücket, und fingen nunmehro an, die Einrichtung der Kammer zu dem Globe de Compreßion zu machen. Das Logement h h, Plan II, Fig 1 und 2. bey der Mine wurde noch mehr erweitert, und von jetzt an mit 1 Officier und 24 Freywilligen besetzet.

Den 1sten, in der folgenden Nacht, ward der Globe de Compreßion mit 50 Centner Pulver geladen. In eben der Nacht ließ sich eine feindliche Patrpuille von 20 Mann bey dem Logement der Mine sehen, ging aber auf das erste Feuer von den Freywilligen wieder zurück. Etliche Stunden darauf griffen 50 Mann das Logement vor der Flesche und zu gleicher Zeit eine Grenadier-Compagnie das Logement bey der Mine an. Es wurden aber beyde Angriffe glücklich abgeschlagen und der Feind mit Verlust vieler Todten zurückgetrieben, ohne den geringsten Schaden angerichtet zu haben.

Den 1sten September, wurde der Gang zu dem Globe de Compreßion verdämmet. Der Generalmajor von Lottum, marchierte mit seinen 3 Bataillons zu dem Corps des Herzogs von Bevern und der Generalmajor von Thiele, nahm mit 4 Bataillions seinen Posten wieder ein.

Des

Des Abends halb 9 Uhr, wurde der Globe de Compreßion gesprenget, deſſen Würkung ganz vortreflich war. Der Durchmeſſer EE, Tab. II, Fig. 1 und 2. des Entonnoirs oder des Keſſels betrug mehr als 90 Fuß und blieb 5 Ruthen vom Mittelpunct des bedeckten Weges entfernet. 200 Arbeiter muſten ſo gleich eine fliegende Sappe nach dem Keſſel, und linker Hand einen Haaken von etliche 30 Schritt machen. Beydes wurde durch Freywillige beſetzt.

Um 2 Uhr des Nachts griff eine feindliche Grenadier-Compagnie, die rechte Seite des Logements vor der Fleſche an, wurde aber ſo fort durch einige Plotons mit Verluſt von 7 Todten und 1 Gefangenen zurückgetrieben.

Den 2ten, wurde der Keſſel der Mine mit Schanzkörben, und Faſchinen von G bis G, eingefaſſet. Die Mineurs räumten den verfallenen Gang wieder auf, weil er zur Gemeinſchafft nach der neuen Mine dienen ſollte.

Den 3ten, machten die Mineurs in dem Keſſel, den Eingang zu einem neuen Minengang der 21 Fuß, unter dem Horizont liegen ſollte. Das Logement vor der Fleſche; wie auch der Keſſel der Mine, wurden von jetzt an jedes mit 1 Officier und 24 Freywilligen beſetzet.

Den 4ten, des Morgens um 10 Uhr, ließ der Feind eine Flabbermine,*) auf der Capitale des Forts No. 2.

wie

---

*) Flabberminen, ſind kleine Minen, welche 8 bis 10 Fuß unter der Erde liegen; und zu Zerſtörung der feindlichen Werke gebraucht werden.

wie C zeiget, springen; weil aber solche 3 Ruthen von unserm Kessel entfernet war, so that sie nicht den geringsten Schaden.

Den 5ten, kam mit Anbruch vom Tage, auf der linken Seite der Laufgräben eine feindliche Patrouille von etliche 20 Mann zum Vorschein; da aber die Batterie No. 7. mit Cartetschen unter sie schoß, zog sie sich wieder zurück.

Den 6ten, da die Mineurs mit dem Minengang CD, Fig. I, auf 22 Fuß lang gekommen waren, fanden sie sich durch das häufige Wasser genöthiget, solchen zu verlassen, und linker Hand einen neuen anzufangen der 9 Fuß höher als der vorige lag.

Den 7ten und 8ten, legte man in den linken Haken der 2ten Parallele eine Batterie O von 2, 24 pfündigen Canonen an. Die Mineurs hatten den Minengang bis auf 50 Fuß verlängert.

Den 9ten, des Abends um 10 Uhr, ließ der Feind auf der Rechten des Minenganges der jetzt 68 Fuß lang war, eine Mine b, Fig. I. springen; wodurch derselbe auf 2 Ruthen in der Länge etwas beschädiget, und 4 Mineurs leicht verwundet wurden. Man setzete aber so gleich andere Mineurs an, die den Minengang wieder aufräumeten.

Den 10ten, gegen Abend, war der Minengang wieder im Stande und auf 6 Ruthen lang; als man auf eine feindliche Gallerie stieß. Die feindlichen Mineurs kamen den unsrigen zuvor, verjagten sie, und ließen auf der linken Seite des Minenganges eine Mine a Fig. 1 und 2. springen, wodurch derselbe auf 5 Ruthen in die Länge ganz zusammen gedruckt wurde.

Den

Den 11ten, wurde der verfallene Minengang wieder aufgeräumet, und linker Hand darneben ein neuer IK, angefangen, der gerade nach der Spitze der Enveloppe ging.

Den 12ten, da man mit dem ersten Minengange in den Kessel der feindlichen Mine kam, wurde beschlossen, solchen mit einer gesenkten Sappe zu paßiren, und der Anfang daran gemacht. Mit dem 2ten Minengang rückten die Mineurs auf 16 Fuß vorwärts.

Den 13ten, schickte der Generallieutenannt von Guasco den Obersten von Treuenfels von Starenberg, an den Generallieutenannt von Tauenzien. Er wiederhohlte die vorigen Vorschläge, nämlich die Festung zu übergeben und in einer gesetzten Frist nicht wider uns zu dienen, wann man der Besatzung einen freyen Abzug bewilligen wollte; außerdem müste er auf besondern Befehl des Feldmarschalls von Daun das alleräußerste abwarten. Wobey er denn versicherte, daß er mit allem was zu einer guten Vertheidigung gehöre, überflüßig versehen sey. Der Generallieutenanut von Tauenzien, verwarfen diese schon vor 3 Wochen gethane Vorschläge, und bezeugten, daß sie solche nach so vieler angewandten Zeit und Arbeit nicht annehmen könnten. Versicherten anbey dem Commendanten daß die Besatzung keine andere Capitulation erhalten würde, als sich zu Kriegsgefangenen zu ergeben; indem nicht die geringste Wahrscheinlichkeit eines Entsatzes vorhanden sey.

Den 14ten, des Morgens um halb 8 Uhr, ließ der Feind rechter und linker Seite unsers 2ten Minenganganges, zwey Minen kurz hinter einander springen; die aber weiter keinen Schaden thaten, als daß sie einige Rahmen etwas verrückten. Welches denn bald wieder ausgebessert und die Arbeit fortgesetzet wurde.

Den 15ten, kamen die Mineurs gegen einen verfallenen feindlichen Minengang, und konnten für grossen Gestank nicht weiter arbeiten. Man war also genöthiget in der Geschwindigkeit einen Kasten der 12 Fuß unter dem Horizont lag, einzusetzen, solchen mit 20 Centner Pulver zu laden, und den Minengang auf 3 Ruthen lang zu verdämmen. In der folgenden Nacht, besetzte man den 2ten feindlichen Kessel, nach welchen die tiefe Sappe war geführet worden, mit Schanzkörben.

Den 16ten, des Morgens um 5 Uhr, sprang der Globe de Compreßion, der Durchmesser des Kessels war 5 Ruthen lang und 12 Fuß von den Pallisaden des bedeckten Weges entfernet. Man machte sogleich aus dem alten Kessel eine Communication dahin, die in der folgendem Nacht in vollkommenen Stand gesetzet wurde. Auch legte man in den Kessel eine Traverse; hinter welcher die Mineurs einen neuen Minengang anlegten. Da die Mine die tiefe Sappe ganz verschüttet hatte, so wurde solche verlassen.

Den 17ten that der Commendant abermals Vorschläge, daß er alle Ueberläufer, ausgenommen die, so Oesterreichische Landeskinder und als Kriegesgefangene zum Dienst gezwungen, auch vor der Belagerung weggelaufen wären, ausliefern wollte.

Dagegen bedung er sich aus, vor Schließung der Capitulation einen Officier an den Feldmarschall von

Daun,

Daun, senden zu dürfen, um dessen Genehmigung wegen der vorzunehmenden Auswechselung einzuholen.

Die Antwort des Generallieutenannt von Tauenzien war, daß er in die Verschickung eines Officiers an den Feldmarschall von Daun nicht einwilligen könne. Und sähe er aus dieser unmöglich einzugehenden Forderung, daß es dem Commendanten, mit der Capitulation noch kein wahrer Ernst sey; sondern man nur Zeit zu gewinnen suche. Er müste ihm aber hiermit erklären, daß wenn die Besatzung sich nicht bald hiezu bequemte, sie gar keine Capitulation erhalten würde.

Des Abends um 11 Uhr, warf der Feind unsern neuen Minengang der erst 8 Fuß lang war, durch eine Fladdermine über den Haufen. Es war ihm dieses sehr leicht zu thun, weil er etliche 50 Mineurs hatte und seine Hauptgallerie noch in vollkommenem Stande war, aus welcher er mit kleinen Minengängen uns entgegen ging.

Des Nachts um 2 Uhr, stand der Feind in Begriff, mit 3 Grenadiercompagnien, einen Ausfall auf unsern Kessel zu thun, weil aber die vorliegenden Schildwachen bey Zeiten Feuer gaben, und einige Plotons aus der vordersten Sappe hurtig hervorrückten, so zog sich der Feind wieder in die Stadt zurück.

Den 18ten setzte man die Mineurs am vordersten Rande des Kessels an zwey Orten an. Der erste Minengang ging Rechterhand, der 2te links gegen die Spitze der Enveloppe des Forts No. 2. Allein des Nachmittags um 4 Uhr warf eine feindliche Fladdermine, beyde wieder über den Haufen.

In

In der Nacht auf den 19ten, hatte man einen neuen Minengang angefangen, der da er kaum 8 Fuß lang den 19ten durch eine Fladdermine vom Feinde eingestürzet wurde. Ein anderer, der sogleich wieder angefangen wurde, hatte

Den 20sten des Morgens ein gleiches Schicksaal. Es wurde deswegen beschloßen, dem Feind durch Fladderminen entgegen zu gehen, und zu gleicher Zeit, rechter Hand einen so tiefen Minengang als möglich zu führen, um durch einen Globe de Compreßion die feindliche Hauptgallerie einzustürzen. Beyde Minengänge wurden zugleich angefangen.

Den 21ten, ward in der folgenden Nacht, auf dem Kuhberge vor Kletskau, gegen das Niederthor ein Laufgraben von 430 Schritt lang gemacht, und in deren Mitte eine Batterie P, von 2 Mörser, 1 Haubitze 4, 12 pfündigen- und 2, 24pfündigen Canonen angeleget; durch welche man des andern Morgens nicht allein die Forts No. 3 und 4, nebst der Redoute No. 3. ricochetirte, sondern auch dem Feind auf dieser bisher sichern Seite sehr beschwerlich wurde. Die Bedeckung dazu gab das Regiment Kauniz von der Brigade des Generalmajors von Thiele, und verließ deswegen sein Lager bey Niedergiersdorf, und lagerte sich vor Jacobsdorf. Die übrigen Regimenter dieser Brigade gaben die Arbeiter.

Die verstärkten Feldwachen der bey Pülzen gelagerten 3 Escadrons Curaßirer von Brebow, deckten die rechte Seite der Laufgräben, und die Feldwachen der 3 Escadrons Malochowskysche Husaren so bey Ehrlicht standen, die linke Seite.

Den

31

Den 22ſten, that der Feind, aus der Waſſerredoute ohngefehr 12 Schuß mit 6 pfündigen Canonen, nach der Batterie auf dem Kuhberge; da er aber ſahe, daß ſolches ohne Würkung war, ſo ſtellete er das Schießen nach ſelbiger ſo wohl ſo gleich, als auch alle folgende Tage ein.

An eben dem Tage, ſandte der Commendant nochmals den Oberſten Rasp, an den Generallieutenannt von Tauenzien. Er beklagte, daß man die Unterhandlungen abgebrochen, und nicht zugeben wollte, daß er einen Officier an den Feldmarſchall Daun ſchicken könnte, und wünſchte er ſeiner Seits, daß man einen gütlichen Vergleich in dieſer Sache treffen möchte. Der Generallieutenannt von Tauenzien, gab zur Antwort, daß man ihm die Schuld, wegen der abgebrochenen Unterhandlung nicht beymeſſen könne, indem von Seiten des Commendanten, in Betreff der Verſchickung eines Officiers an den Feldmarſchall von Daun, eine ſo unerhörte Forderung gemacht worden, die kein General, auch ſelbſt der Commendant, in gleichem Fall nicht eingehen würde.

In der folgenden Nacht, ward auf ausdrücklichen Befehl Sr. Königl. Majeſtät, der rechte Flügel der 1ſten Parallele bey der Ziegelſcheune 300 Schritt verlängert und auf der Höhe hinter der Leimgrube eine Batterie von 4, 12 pfündigen Canonen angefangen.

Um 9 Uhr, des Abends, wurde der kleine Mienengang zur linken, von 7 Fuß lang, durch eine Fladdermine eingeſchmiſſen. Der tiefe Minengang zur rechten litte zwar dadurch keinen Schaden, man konnte aber nicht ſonderlich damit vorwärts kommen; weil die

die feindlichen Bomben, so in den Kessel fielen, den Eingang zum öfftern einwarfen.

Den 23sten, verlegten Sr. Königl. Majestät Dero Hauptquartier von Peterswalde nach Bögendorf, um die Belagerung in hohen Augenschein zu nehmen und einige Einrichtungen dabey zu treffen. Nachmittags recognoscirten Sie die Festung nebst dem Angriff. In der folgenden Nacht, wurde die Verlängerung der 1sten Parallele, nebst der neuen Batterie fertig gemacht und durch die letztere den andern Morgen das Fort No. 2, ricochetiret. Die Mineurs verlängerten den tiefen Minengang zur rechten bis auf 13 Fuß, und paßirten eine verfallne feindliche Gallerie. Der eingestürzte kleine Minengang war wieder aufgeräumet, um die Aufmerksamkeit des Feindes nach dieser Seite zu ziehen.

Den 24sten, namen Sr. Majestät die Laufgräben nochmals in hohen Augenschein, und ritten bis dicht hinter die erste Parallele, befohlen den linken Flügel der zweyten Parallele zu verlängern, und zeigten den Ort an, wo in derselben eine neue Batterie sollte angeleget werden, um auch von dieser Seite das Forts No. 2. zu ricochetiren.

Da wir die feindlichen Mineurs schon wieder arbeiten hörten; so ertheilten Sr. Majestät den Befehl mit dem tiefen Minengang der erst 20 Fuß lang war nicht weiter zu gehen, sondern mit einem Haaken von 4 Fuß, so geschwind als möglich eine Minenkammer zu machen, und solche mit 30 Centner Pulver zu laden. Dieses wurde so fort bewerkstelliget und der Minengang mit Sandsäcken verdämmet.

In

In der folgenden Nacht verlängerte man den linken Flügel der zweyten Parallele 340 Schritt, und legte in solche zwey Batterien R und S, an, die erste von
2. 6 pfündigen Canonen und 2 Haubitzen, und die zweyte rechter Hand von 2 Mörsern.

Des Abends um ¾11 Uhr, ward der Globe de
Compreßion, so 20 Fuß unter dem Horizont lag, angezündet. Der Durchmesser des Kessels betrug 5 Ruthen, und blieb noch 8 Fuß von den Pallisaden des bedeckten Weges entfernet. Die durch die Mine verschüt-
tete Communicationslinie wurde sogleich wieder aufgeräumet.

Den 25ten, thaten die in der verlängerten zweyten und am rechten Flügel der ersten Parallele, von
Sr. Majestät selbst angegebene Batterien die vortreff-
lichste Würkung, sie ricochetirten das Fort No. 2. von
beiden Seiten und verursachten der Besatzung vor allen andern Batterien den größten Verlust. *) Nach
dem neuen oder dritten Kessel wurden die Communicationslinien verfertiget, und in denselben zwey Tra-
versen zu Bedeckung der Freywilligen angeleget; vor
welchen die Mineurs die Eingänge zu zwey Minengängen anlegten.

Den 26sten, schickte der Commendant abermals
den Obersten Rasp an den Generallieutenant von
Tauenzien. Er stellete in seinem Schreiben vor, wie
er

---

*) Den Grundsätzen des Angriffs gemäß, hätten diese Bat-
terien gleich nachdem die Parallelen fertig gewesen, angeleget werden sollen; weil vornämlich R und S, die
No. 9. und 10. der 1sten Parallele ersetzen musten.

er nicht einsähe, warum man die Verschickung eines Officiers an den Feldmarschall Daun nicht bewilligen wolle, da er doch versichern könnte, daß darunter keine List verborgen läge, und bäte den Generallieutenannt von Tauenzien selbst die Vorschläge zu thun wie dieser Sache am besten abzuhelfen wäre. Die Antwort des Generallieutenannt von Tauenzien war, daß er nicht absehen könne, was man mit dem Feldmarschall von Daun zu thun hätte, indem er nicht Ihn, sondern den Commendanten belagere, und aus Höflichkeit, nichts von der Besatzung verlange. Und ersuchte er ihn hiermit, künftig allen Briefwechsel einzustellen, und die Unterhandlung nicht eher zu erneuern, bis man die Chamade würde schlagen lassen.

Das Geschütz so von 13 Batterien spielte, bestand in 9 Mörsern, 6 Haubitzen, 13, 24 pfündigen, 26, 12 pfündigen und 2, 6 pfündigen Canonen, also überhaupt in 56 Stück.

Von heute an, lösete die Bedeckung, Nachmittags um 2, die Artillerie um 4, und die Arbeiter bey den Ingenieurs um 5 Uhr ab.

Des Abends um 8 Uhr, als unser erster Minengang bereits 15, und der 2te, 11 Fuß lang war, schmiß der Feind, letzteren durch eine Fladdermine übern Haufen, und warf hierauf eine Menge Bomben und Grenaden nach beyden Kesseln.

Um 1 Uhr des Nachts, ließ der Feind linker Hand der Capitale, eine zweyte Mine springen, wodurch die Gemeinschaft nachdem ersten Minengang gänzlich verschüttet ward. Er that darauf mit etliche 100 Grenabiers und Croaten einen Ausfall, und bemächtigte sich

sich der beiden Keßel, weil der größte Theil der Freywilligen so solche besetzet hatten, durch die vorher geworfenen Bomben und Grenaden, theils verwundet, theils getödtet waren. Man versuchte zwar den Feind noch diese Nacht daraus zu vertreiben; weil aber die rechte Stärke des Feindes unbekannt, auch die Gemeinschafftslinie nach dem Keßel zugeworfen, und es sehr finster war, so muste man es unterlaßen.

Den 27sten sollte der Feind durch 200 Mann, aus den Keßeln vertrieben werden; da man aber gewahr wurde, daß er solche von selbst verlaßen, so besetzte man sie wieder durch Freywillige, und stellte die verdorbene Gemeinschafftslinie wieder her. In der folgenden Nacht, wurde zu besserer Vertheidigung der Mine, der Haken der linken Sappe verlängert und mit einem Ploton besetzt. Der Feind hatte sein Glacis nach unsern dritten oder vordersten Keßel dergestalt abgestochen, daß er solchen bis auf den Grund mit dem kleinen Gewehr bestreichen konnte. Es war also nicht möglich weiter als in den zweyten Keßel zu gehen, in welchem man eine Traverse, und hinter solcher den Eingang zu einer bedeckten Sappe die 9 Fuß unter dem Horizont lag, verfertigte, und mit welcher man unter dem dritten Keßel weg nach dem Orte gehen wollte, wo unser letzter Minengang gewesen.

Den 28ten, legte die Artillerie in die Verlängerung der zweyten Parallele eine neue Batterie T, von 4, 24 pfündigen Canonen an, mit welcher die linke Gesichtslinie des angegriffenen Forts No. 2, ricochetiret wurde.

Den 29ſten und 30ſten kamen die Mineurs mit der bedeckten Sappe auf 23 Fuß vorwärts. Nach dem letzten feindlichen Keſſel, wurde zur linken eine offene Sappe geführet.

Den 1ſten und 2ten October, verlängerten die Mineurs den Minengang bis auf 45 Fuß, und paßirten eine verfallene feindliche Gallerie. Aus der offenen Sappe nach dem letzten feindlichen Keſſel, wurde wegen der vielen dahin fallenden Bomben eine bedeckte Sappe gemacht. Die Artillerie legte in der Sappe zur rechten von dem Logement bey der Fleſche eine neue Batterie U, von 2 Mörſern an. In den linken Haken der dritten Parallele ward eine 3pfündige Canone verdeckt geſtellet, welche bey einem Ausfall auf die Minen von hinten zu mit Cartetſchen ſchießen ſollte.

Den 3ten wurden die Mörſerbatterien in der 3ten Parallele und die neue in der rechten Sappe jede mit einem Mörſer vermehret; wogegen die Mörſerbatterie in der zweyten Parallele eingieng.

Den 4ten, beſtand das Geſchütz ſo von 15 Batterien ſpielte, in 12 Mörſern, 6 Haubitzen, 11, 24pfündigen, 26, 12pfündigen und 2, 6pfündigen Canonen, in allen aus 57 Stück.

Des Abends nach 6 Uhr, als unſer Minengang bereits 65 Fuß lang war, ließ der Feind zur rechten eine Fladdermine ſpringen; welche aber nicht den geringſten Schaden that, nur daß unſere Mineurs, wegen des Geſtanks ſo ſich im Minengang einfand, einige Stunden nicht arbeiten konnten.

Den 5ten und 6ten, wurde unsere Gallerie bis auf 87 Fuß verlängert, und zur linken eine neue Gemeinschafft nach dem künftigen Keßel angefertiget.

Den 7ten, des Nachmittags um 3 Uhr und des Abends um 11 Uhr, ließ der Feind nahe an unserm Minengange zwey Flabberminen springen; weil aber solche viel höher als unser Minengang lagen, so thaten dieselben nicht den geringsten Schaden.

Den 8ten, zündete eine von unsern Grenaden, das feindliche Pulvermagazin in den Casematten des Forts No. 2 an, wodurch nicht nur die Kehle des Forts gänzlich übern Haufen geschmißen wurde; sondern auch der Major von Bertold von Anblauischen Regiment, 8 Officiers, 2 Grenadier Compagnien von Molck und Sachsgothe, in allen 205 Mann in die Luft flogen und elendiglich umkamen.

An eben dem Tage war unser Minengang 96 Fuß lang. Es wurde deswegen keine Zeit versäumet den Globe de Compreßion mit 50 Centner Pulver zu laden, und auf 4 Ruthen zu verdämmen.

Die folgende Nacht um 12 Uhr, wurde derselbe angezündet, der Durchmesser des Keßels war über 5 Ruthen. Und man erhielt nicht nur eine vollkommene Oeffnung in dem bedeckten Wege; sondern auch durch die ausgeworfene Erde einen guten Zugang nach der Enveloppe des Forts No. 2. Das Logement ward sogleich in dem bedeckten Wege errichtet, und mit 200 Freywilligen besetzt.

Den 9ten des Morgens, schickte der Commendant einen Officier an den Generallieutenant von Tauenzien und verlangte zu capituliren. Er bath die Zeit,

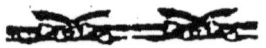

den Ort und die Officiers zu bestimmen, welche unserer Seits die Capitulation schließen sollten, und daß man währender Zeit mit den Feindseligkeiten aufhören möchte.

Das letztere wurde ihm so gleich bewilliget, und von uns der Major von Enckfort, Berenburgischen Regiments in die Stadt geschickt, dagegen kam der Oberste Rasp ins Hauptquartier nach Teichenau, woselbst die am Ende befindliche Capitulation geschlossen wurde.

Nach Unterzeichnung derselben, wurden die Geißeln gewechselt und das Fort No. 2, die Flesche nebst der Striegauer Barriere von unsern Truppen besetzet.

Den 10ten, wurden die Magazine, die Artillerie-Munition, und die Cassen, durch die dazu bestellten Officiers und Commißarien übernommen.

Den 11ten um 7 Uhr, wurde die Festung von unsern Truppen besetzet. Um 8 Uhr zog die Besatzung aus dem Petersthor und Köppener Barriere, und streckte das Gewehr.

Unser Verlust, währender Belagerung, bestand an Todtgeschossenen und an den Wunden Gestorbenen in 25 Officiers und 1084 Unterofficiers und Gemeinen.

und an Verwundeten 61 — 1845 —

In allem 86 Officiers 2929 Unterofficiers und Gemeinen.

Der

Der Verlust der Besatzung bestand an Todgeschossenen und an den Wunden Gestorbenen in
   32 Officiers 1249 Unterofficier und
             Gemeinen,
an Verwundeten 53 — 2223 —
   in allem 85 Officiers 3472 Unterofficiers und
             Gemeinen.

Haupt-Auszug.

Der kayserlichen königlichen Generals, Stabs- und andern Officiers, wie auch der Unterofficiers und Gemeinen, welche am 11ten October 1762, in die königl. preußische Kriegsgefangenschaft zu Schweidnitz gerathen.

Von der Armee und dem Generalstabe.

Generalfeldmarschall-Lieutenant	1.
Generalmajors	2.
Obersten	2.
Oberstlieutenants	5.
Majors	9.
Capitains	68.
Oberlieutenannts	56.
Unterlieutenannts	46.
Stückjunker	3.
Altfeuerwerker	5.

       110.

      197

Von der Armee und dem Generalstabe.

von voriger Seite	197		230
Fähndrichs	27	Feldkriegscommissair	1
Conducteurs	1	Commissariatbediente	1
Wachtmeist. Lieutenant	1	Proviantverwalter	1
Adjudant	1	Proviantbediente	3
Fortificationsbaubeamte	2	Proviantamtschreiber	2
Stabsauditeur	1		
	230	in allem Officiers	238

Ferner.
Von der Infanterie, Cavallerie und Artillerie.

Jung Feuerwerker	9		674
Sappenmeister	4	Fourirschützen	82
Wachtmeister und		Gefreyten	642
Feldwebel	60	Zimmerleuthe	72
Führers	6	Grenadiers	573
Fouriers	30	Füseliers	6199
Corporals	380	Sappeurs	4
Spielleuthe	186	Büchsenmeister	207
	674		8453

Von der Infanterie, Cavallerie und Artillerie.

Von voriger Seite	8453
Artillerie Füseller	42
Mineurs	32
Gemeine von der Cavallerie	159
Sattler und Schmiede	3
Geschirr und Stallknechte	7
Vom Proviantwesen und der Beckerey, von Oberbackmeister an	82
	8778
Hiezu vorstehende Officiers und Commissariatsbediente	238
also überhaupt	9016 Mann

Capitulationspuncte.	Antwort.
Art. 1. Die Besatzung marschiret aus der Festung mit klingenden Spiel und allen Ehrenzeichen, strecket des Gewehr und ist Kriegsgefangen. Die Officiers behalten ihre Degens, und die Unterofficiers ihr Seitengewehr.	Wird bewilliget.
2. Die ganze Besatzung, und was zu solcher gehöret, behält ihre Bagage und was ihnen eigen ist.	Bewilliget.
3. Die Besatzung soll in Schlesien Bataillonsweise, so wie solche jetzo eingetheilet sind, vertheilet werden; jeder Officier bleibet bey seinem Commando.	Denen Officiers so wohl als Gemeinen, wird der Ort ihres Aufenthalts angewiesen werden.
4. Die Truppen sollen in schickliche Quartiere, nicht aber in Casematten geleget werden, allwo ihnen über den gewöhnlichen Unterhalt, auch Holz und Stroh und gegen Quittung der Officiers die benöthigte Kleidung verabreichet werden soll.	Die Verpflegung der Kriegs-Gefangenen, bleibet, wie sie Cartelmäßig einmal eingeführet ist.
5. Sollte eine Auswechselung vor sich gehen, werden des Kö-	Bewilliget.

nigs

nigs von Preußen Majestät ersuchet, denen Officiers und Gemeinen dieser Besatzung den Vorzug zu geben.

Art 6. Um diese Auswechselung zu erbitten, soll dem Commendanten erlaubt seyn, 2 Officiers, die er selbst benennen wird, an des Commandirenden Feldmarschall von Daun Excellenz oder nach Erfordern nach Wien abzuschicken, auch soll ihm zugestanden werden, gegenwärtige Capitulation dahin abzusenden.

7. Sr. königl. Majestät in Preußen werden um Gnade für alle hier befindliche Ueberläufer von der Armee gebethen, diejenigen so vorher, bey denen disseitigen Armeen gedienet, nachher in der Kriegsgefangenschaft Dienste genommen und sich wieder in Freyheit gesetzet, sollen nicht als Ueberläufer angesehen; sondern bis zur künftigen Auswechselung in der Kriegesgefangenschaft verbleiben.

Antwort.

Wird abgeschlagen, und kann alles dieses schriftlich betrieben werden, außer daß ein Officier die Capitulation überbringen kann.

Die Ueberläufer werden alle angenommen, und an die Regimenter bey welchen sie gestanden, zurückgegeben, doch ob letztere keine Strafe zugewärtigen, wird von der Gnade des Königs abhangen.

Art.

Art. 8. Denen Officiers soll für sich und ihre Equipage der Vorspann ohnentgeldlich, bis an den Ort ihrer Kriegsgefangenschaft gegeben werden, auch soll denenselben erlaubt seyn, was sie an Bediente und Equipage in die kayserl. königl. Länder abschicken, oder aus selbigen kommen lassen wollen, abschicken oder kommen lassen zu dürfen. Wo ihnen auch in diesem Fall der ohnentgeldliche Vorspann und die Bedeckung nebst den benöthigten Pässen ertheilet wird, ohne daß etwas von dieser Equipage visitiret werden soll.

Antwort. Wird bewilliget, vor ihre Person und alles was sie an den Ort ihrer Kriegsgefangenschaft mitnehmen; was sie aber von da abschicken oder kommen lassen, muß auf ihre Kosten geschehen.

9. Alles was zum Feldkriegscommissariat- u. Proviantamte gehöret, die Medici und Chirurgi, der Zeug- und Fortificationsschreiber, werden nicht Kriegsgefangene seyn; sondern es soll ihnen gestattet werden, mit allen ihren Habseligkeiten, Rechnungen, und Schriften in die

Medici und Chirurgi werden nicht als Kriegsgefangene betrachtet; die Uebrigen aber, werden zwar entlassen, müssen aber noch als Kriegsgefangene angesehen werden, und sich als solche reversiren, bis die Abrechnung unserer seits ihrentwegen geschehen. kayserl.

45

ꝛyſerl. königl. Staaten zurück zu kehren.

10. Ingleichen ſoll allen Marquetentern und Handelsleuten, welche der Beſatzung anhero gefolget, erlaubt ſeyn, in beſagte kayſerl. königl. Staaten, frey und ohngehindert mit ihren Waaren und Effecten zurück zu kehren.

Die Kranken und Verwundeten der Beſatzung, ſollen mit der möglichſten Sorge gehalten werden, bis zur völligen Geneſung: zu welchem Ende denn die nöthigen Officiers, Medici, Chirurgi und Krankenwärter dabey verbleiben ſollen.

Denen Officiers ſoll auf Inhalten des Commendanten, die Erlaubniß ertheilet werden, wegen ihrer Angelegenheiten oder Geſundheitsumſtände, in die kayſerl. königl. Staaten und auch anderwärts hin, abgehen zu dürfen.

Antwort.

Bewilliget.

Erſteres wird bewilliget, aber dahin eingeſchränkt, daß ſie nach ihrer Geneſung zwar entlaſſen, aber doch als auszuwechſelnde Kriegsgefangene betrachtet werden müſſen.

Wird von der beſondern Gnade, Sr. königl. Majeſtät abhangen.

Art.

Art. 13. Die Schulden der Besatzungscassen mit der Bürgerschafft, sollen berichtiget und von der kayserlichen königlichen Casse bezahlet werden.

14. Der Stadt, dem Magistrat, denen Bürgern, Kirchen und Klöstern, sollen alle ihre Gerechtsame, Freyheiten und freye Religionsübungen gelassen und besorget werden.

15. So bald gegenwärtige Capitulation, von beiden Seiten unterzeichnet worden, werden Geißeln gewechselt, und hören alle Feindseligkeiten auf, und wird an die königl. Preußische Truppen das Fort Jauernick, die Flesche und die Striegauer Barriere abgetreten werden.

16. Vier und zwanzig Stunden nach unterzeichneter Capitulation, und wenn aller Vorspann bereit ist, marchiret die Besatzung aus, wie im Art. 1. festgesetzet, um an ihre bestimmten Oer-

Antwort.
Gut; doch müssen die Officiers ihre eigenen Schulden berichtigen und hinlängliche Sicherheit stellen.

Verstehet sich.

Gut.

Gut. Die Besatzung marchiret morgen früh um 8 Uhr aus.

ter

ter transportiret zu werden. Bisdahin aber soll denen königl. Preußischen Truppen nicht erlaubet seyn, weder auf denen von der Besatzung noch besetzten Posten, noch in die Stadt selbst zu kommen; diejenigen Officiers und Commissarien allein ausgenommen, welche das Arsenal, die Magazine und die Minen zu übernehmen haben; wie auch diejenigen, an welche die währender Belagerung gemachten Kriegsgefangene ausgeliefert werden: und dieses um allen zwischen beiderseitigen Truppen entstehen könnenden Ungelegenheiten vorzukommen.

Antwort.

Art. 17. Wenn bey Erfüllung gegenwärtiger Capitulationspuncte, sich einige Schwierigkeiten äußern sollten, sollen solche zum Vortheil der Besatzung ausgeleget und abgethan werden.

Soll nach Befinden geschehen.

Schweidnitz den 9 Octob. 1762.

Die

Die Capitulation ist in alle Wege angenommen; doch ist es eine Unmöglichkeit ehender als den 11ten früh auszumarchiren, wegen der ohnentbehrlichen Anordnungen, so vorher gemacht werden müssen.

Von Tauenzien.   Franz Graf von Guasco.